Análisis de fútbol

Chest Dugger

Contenido

SOBRE EL AUTOR 3

DESCARGO DE RESPONSABILIDAD 4

Introducción 5

Cómo se utilizan los análisis en el fútbol 6

Análisis en la formación de equipos 15

Ataque Set Play Analytics 25

Análisis del juego defensivo 38

Análisis del rendimiento de los jugadores 45

Análisis de las lesiones de los jugadores 54

Análisis de las combinaciones de los jugadores 59

Casos de Estudio 64

Conclusión 77

SOBRE EL AUTOR

Chest Dugger es un fanático del fútbol, ex profesional y entrenador, que busca compartir sus conocimientos. Disfruta de este libro y de varios otros que ha escrito.

DESCARGO DE RESPONSABILIDAD

Derechos de autor © 2018

Todos los Derechos Reservados

Ninguna parte de este documento puede ser transmitida o reproducida en ninguna forma, incluyendo la impresión, electrónica, fotocopia, escaneado, mecánica o grabación sin el permiso previo por escrito del autor.

Aunque el autor ha hecho todo lo posible por garantizar la exactitud del contenido escrito, se aconseja a todos los lectores que sigan la información mencionada en el presente documento bajo su propio riesgo. El autor no se hace responsable de ningún daño personal o comercial causado por la información. Se anima a todos los lectores a buscar asesoramiento profesional cuando sea necesario.

Introducción

Muchas gracias por comprar este libro. Los análisis juegan un papel cada vez más importante en el mundo del fútbol. Los días de instinto que representan la táctica principal en un juego están pasando, y se está aplicando un enfoque más calculado al entrenamiento y al juego.

Esto tiene la ventaja de proporcionar una base segura sobre la que entrenadores y jugadores pueden aplicar sus habilidades, sus toques de magia que pueden transformar un juego. Este libro explicará qué son los análisis del fútbol y cómo funcionan en un juego.

Analizará las diferentes partes del juego durante un partido y proporcionará ideas y detalles sobre cómo el análisis puede mejorar un equipo durante varios pasajes del juego. Demostrará que es posible llevar a cabo análisis sin necesidad de recurrir a costosos programas informáticos y al tipo de equipo de apoyo que solo es posible en los niveles superiores del juego profesional.

Esperamos que lo encuentres interesante e informativo. Y eso hace que tu equipo, tu entrenador o tu propio juego sean más efectivos.

Cómo se utilizan los análisis en el fútbol

El ex seleccionador de Inglaterra, Sam Allardyce, fue el pionero en el uso del análisis en el fútbol inglés. Su uso del programa "Prozone" cuando era gerente de Bolton Wanderers a principios de siglo abrió el camino para el uso extensivo que tenemos hoy en día.

El pobre Sam, como sabrán los aficionados, era el entrenador de Inglaterra a pesar de que Inglaterra no tenía uno desde hace mucho tiempo. Después de su único partido a cargo, cayó en una trampa de la prensa, cuando fue grabado teniendo una conversación con un periodista que actuaba como un agente falso. Las grabaciones expusieron los vínculos más tenues a los pagos en mano durante los cuales Sam no prometió nada, no dijo nada malo y no ofreció nada inapropiado.

Pero la FA inglesa es la FA inglesa, atrapada en el pasado y notoriamente engañosa: Sam tuvo que retirarse. De hecho, si la FA se saliera con la suya, Inglaterra probablemente estaría jugando con un balón de cuero y pantalones cortos largos usando una cinta como barra en la portería.

Un poco de historia

Pero el Gran Sam, como se le conoce al otro lado del Atlántico (que ahora hace un trabajo increíble llevando a un equipo de bajo rendimiento, el Everton, a la Premier League a la que pertenecen), no fue el creador del análisis. Para ello, probablemente podamos volver a los años 50 y a Charles Reep. Había sido Comandante de Ala en la Fuerza Aérea y, al dejarlo, se convirtió en consultor de varios equipos de fútbol. En los días previos a la computadora, realizaba un seguimiento de los partidos, registrando varios detalles de movimientos de pase, regate, tacleadas, combinaciones que llevaron a los intentos de gol, etc.

Su conclusión fue que la mayoría de los goles venían después de tres pases o menos y, a menudo, fueron el resultado de un contraataque. Este último punto es tan cierto hoy como lo era hace más de sesenta años. Si nos fijamos en los mejores y más exitosos equipos de las principales ligas del mundo, veremos que una de las tácticas que utilizan es la capacidad de convertir rápidamente la defensa en ataque. Estos equipos tienen la capacidad de ser eficaces en las partes de transición del juego y convertir un rápido descanso en una oportunidad de crear goles.

Sin embargo, hay más en estos equipos que esto. Conseguir que el balón avance rápidamente no es efectivo en términos del resultado general a menos que la defensa sea fuerte, porque un equipo que juega "en el descanso" pasará largos periodos sin el balón. Charles Hughes fue director técnico de la Asociación Inglesa de Fútbol durante un período que abarcó a la "generación dorada" de futbolistas ingleses. Pero el equipo, repleto de talento ofensivo, mediocampistas creativos y defensas tenaces, no logró nada más allá de los extraños cuartos de final de la Copa Mundial. Muchos hoy en día ponen el problema en la puerta de Hughes, porque él abogó por un enfoque que se basaba en conseguir que el balón se adelantara rápidamente. Su prueba fue el análisis de un único Mundial, el de Francia 98, en el que vio que la mayoría de los goles procedían de pocos pases y de un rápido avance del balón.

El resultado fue un equipo que intentó hacer avanzar el balón rápidamente, a través de un balón largo y directo. Esto a menudo significaba perderse el talentoso mediocampo. En consecuencia, la posesión se perdió con demasiada facilidad, e Inglaterra fue derrotada por equipos capaces de conservar el balón y crear espacios para los intentos de gol.

Hughes debe ser elogiado por estar preparado para usar datos para apuntalar sus teorías técnicas, pero esos datos no estaban completos, y este es un buen ejemplo de uso de análisis fuera del contexto del juego en su conjunto.

Claramente, hoy en día la teoría de que más pases igualan las mayores posibilidades de perder el balón ya no es tan relevante. Las superficies de juego son mejores, un mejor entrenamiento, sobre todo por el crecimiento del análisis, significa que los jugadores son técnicamente más expertos y, por lo tanto, pasan y controlan mejor el balón.

Así que, después de echar un breve vistazo a la historia del análisis futbolístico, pasemos ahora a ver cómo se emplean en el fútbol moderno.

¿Qué son exactamente los análisis?

En primer lugar, debemos definir qué significa exactamente el término análisis. Cuando se aplica en un contexto deportivo, incluyendo el fútbol, estamos hablando de los procesos a través de los cuales se puede determinar el impacto de un jugador o jugadores en un partido teniendo en cuenta una variedad de datos. Estos datos se refieren al entrenamiento, al juego en equipo y al rendimiento individual. La idea es utilizar esos datos para maximizar el rendimiento de un momento, a menudo mediante el aumento de la calidad y la eficacia del rendimiento de los jugadores individuales.

También se puede aplicar a los equipos y jugadores rivales, para determinar sus puntos fuertes e identificar debilidades que podrían explotarse.

El análisis del fútbol se puede utilizar de muchas maneras. Puede permitirnos:

- Calcular resultado probable de un juego
- Predecir el rendimiento de los equipos
- Predecir el rendimiento de los jugadores individuales
- Elaborar estrategias para maximizar las posibilidades de ganar un partido o torneo.

¿Qué se puede analizar?

Podemos dividir ampliamente el alcance del análisis en tres áreas. Estos son:

Modelo de juegos

En este caso, los análisis habrán identificado una serie de movimientos tácticos que se pueden aplicar a una situación de juego para cambiar el resultado a favor de nuestro equipo. Puede ser un cambio tan significativo como el "Plan B" tan querido por los comentaristas de fútbol. En esta situación hay una alteración completa de las tácticas para hacer frente a una situación problemática - por ejemplo, un extremo rápido está causando todo tipo de dificultades para nuestra espalda. Nuestro análisis realizado en el entrenamiento habrá considerado cambios tácticos para lidiar con esta situación. Puede incluir el cambio de una línea 4-4-2 a una formación 5-3-2 para permitir que un defensor extra apoye la espalda completa. Puede implicar una sustitución para permitir un jugador más defensivo sobre el terreno de juego.

Sin embargo, si bien proporciona información táctica útil para que un entrenador la considere durante el juego, los análisis habrán identificado la organización del equipo que planean usar. Por ejemplo, un oponente al que le gusta utilizar un conjunto alto de jugadores a partir de piezas establecidas podría llevar a un entrenador a establecer su propio equipo de una manera que restrinja el número de esquinas y los tiros libres concedidos.

Los análisis de modelado de juegos también son útiles para la consideración posterior al partido. El análisis del juego después del partido puede identificar los puntos clave sobre los que un equipo puede construir. Por ejemplo, una simple cámara de teléfono puede ser usada para filmar cada rincón de ataque. A partir de ahí, las imágenes pueden ser analizadas para evaluar la efectividad de las esquinas, e identificar por qué están funcionando, o por qué se desmoronan.

Calificaciones de jugadores

Veremos este factor con más detalles un poco más adelante. Sin embargo, en esta sección analizamos el rendimiento, las habilidades y los atributos de los jugadores individuales. Esto ocurre tanto en el partido como en los entrenamientos. Muchos jugadores producen lo mejor de sí mismos durante la competitividad del juego; igualmente, algunos se sienten más capaces de expresarse en el campo de entrenamiento y pueden tener un rendimiento inferior cuando se trata de un juego competitivo.

Debido a que los análisis se basan en datos, el análisis de las puntuaciones de los jugadores se divide en muchas áreas específicas. Tales áreas podrían ser la aceleración, la velocidad de más de 20 metros, la calidad del primer toque, la capacidad de pasar con cualquier pie, la capacidad de controlar el desvío, la competencia aérea bajo presión, la capacidad aérea con el tiempo y así sucesivamente. Lo que surge es una acumulación detallada de las fortalezas y debilidades de un jugador. Esta información se puede utilizar tanto en la planificación del equipo como para ayudar a mejorar a un jugador abordando esas debilidades. Es simplemente aplicar un enfoque científico a lo que solía ser un instinto visceral.

"No es bueno en el aire", podría haber sido un juicio de antaño, basado en ver al jugador despejar el terreno de juego. Pero un análisis adecuado podría ayudar a un entrenador a ver que el jugador es muy eficaz para impedir que su oponente gane balones de cabeza. Así, el defensor trabajaría en la calidad de su remate cuando no está bajo presión directa, mientras que el entrenador lo mantendría en el equipo porque ve que el defensa hace bien su trabajo cuando se enfrenta a un delantero.

Análisis del rendimiento

En este caso, esta herramienta ayuda a los jugadores y entrenadores a analizar su rendimiento durante los partidos. Se basa en datos concretos, más que en impresiones. Por ejemplo, el número de toques, el número de pases cortos exitosos, pases largos exitosos; la precisión de los tiros a puerta con el pie izquierdo, el pie derecho, bajo presión, etc.

Estos datos ayudan al entrenador y a su equipo a desarrollar tácticas para utilizar sus fortalezas y también les indican a los jugadores individuales las áreas en las que necesitan trabajar.

En este capítulo hemos considerado lo que es el análisis del fútbol, examinado su contexto histórico y explorado algunas de las formas en que los datos pueden ser utilizados por jugadores y entrenadores. También hemos considerado algunas de las formas que puede adoptar el análisis. Ahora veremos los elementos individuales del fútbol que pueden ser mejorados, pero el uso del análisis, comenzando con la formación de equipos.

Análisis en la formación de equipos

La gama de formaciones de equipos es amplia, y su empleo es a menudo motivo de gran discusión. Al final del día, hay diez jugadores (excluyendo al arquero, aunque este jugador contribuirá mucho al juego del equipo general en el juego moderno) y pueden ser utilizados de muchas maneras.

En primer lugar, los equipos tienden a adoptar uno de los siguientes - para los principiantes al fútbol, los números comienzan con la defensa, pasan al mediocampo y terminan con el ataque.

Cuatro - Cuatro - Dos: considerado anticuado hoy en día, es un acuerdo bastante defensivo con la defensa y el mediocampo como dos unidades de seguridad. Al contar con cuatro defensas, las posibilidades de que estos jugadores avancen son limitadas en el juego abierto, ya que al hacerlo, la defensa se queda corta.

Cinco - Tres - Dos: muy de moda, y más atacante de lo que sugieren los números. Las cinco defensas significan que dos espaldas completas pueden bombardear hacia adelante para apoyar al mediocampo y atacar, dejando suficientes defensores para hacer frente a la situación si el ataque se estropea. La formación, con ocho o nueve jugadores detrás del balón también significa que es más fácil romper los ataques, y entonces el equipo puede romper con velocidad durante la transición de posesión. Es un sistema que a menudo es jugado por equipos que son efectivos en el descanso.

Cinco - Uno - Tres - Uno o *Cuatro - Dos - Tres - Uno*: Muy atacante. Los tres centrocampistas avanzados apoyan el ataque, y el centrocampista sencillo (o doble) se sienta, protegiendo a las tres defensas de atrás y permitiendo que los defensores anchos se adelanten.

Cuatro - Cinco - Uno: Esta formación se adapta a un equipo con dos buenos alerones que pueden adelantarse y cubrir el mediocampo.

Cuatro, tres, tres, tres: Muy atacante, pero rara vez se usa en estos días. El sistema tiene dos alerones y un delantero central. Sin embargo, no permite un Número 10 natural, ampliamente visto como el jugador más creativo en las formaciones modernas. Además, tener solo tres centrocampistas significa que los equipos pueden estar sobrecargados en este departamento, lo que significa que llevar el balón a los atacantes ocurre con menos frecuencia de lo que sería deseable.

A partir de estas formaciones estándar, los entrenadores pueden hacer pequeños ajustes para tratar de obtener una ventaja sobre la oposición, tal vez manteniendo a raya a un veloz extremo, o negando la posesión ofensiva a un pasador sobresaliente del balón.

Pero las preguntas siguen siendo: ¿qué formación elegir y en qué medida hay que retocarla? Aquí es donde el análisis del fútbol puede entrar en juego.

Cómo utilizar el análisis para decidir la mejor formación

El punto de partida de cualquier partido debe ser nuestro propio equipo. Podemos utilizar los análisis que hemos llevado a cabo para identificar las fortalezas y debilidades de nuestros jugadores. Entonces, podemos construir nuestra formación alrededor de eso.

Dediquemos un poco de tiempo a analizar las características que buscaríamos en las distintas posiciones del parque. Excluiremos al portero de este análisis. En los párrafos siguientes, los elementos del juego que pueden ser evaluados usando análisis están en negrita.

Respaldos completos

El juego moderno requiere una espalda completa para tener una **resistencia** excelente. Necesitamos que el jugador sea una salida de ataque amplia, a menos que vayamos a jugar con **extremos** externos. La espalda completa necesita un **cruce** efectivo del balón. Necesita un **ritmo** excelente para superar a las defensas y a los centrocampistas, así como la capacidad de **cruzar antes**, de que la defensa contraria pueda ponerse en posición. Por último, la capacidad de **lanzar** o **correr con el balón** a toda velocidad también es crucial para conseguir velocidad en los contragolpes.

Esas son algunas de las cualidades ofensivas que necesita este jugador. Defensivamente, la posición requiere **valentía** junto con la **determinación** de ganar las competiciones uno contra uno que se llevarán a cabo con su oponente, el centrocampista ancho o el extremo. La espalda completa debe ser un **cabezazo** competente del balón, o el adversario intentará aislarlo en el segundo palo y enviar centros de gran altura y balanceo. El jugador necesita ser un buen **tackleador**.

Defensores Centrales

Nuevamente, es necesario decir que esta es una posición diferente en el juego moderno de lo que solía ser. La vieja idea de un tapón grande y agresivo ha sido refinada. Ahora el jugador necesita ser más hábil con el balón.

Defensivamente, un defensa central necesita un excelente **sentido posicional** y una buena **comunicación**, ya que esta posición suele ser la que sirve de base para la organización de la defensa. Así como la espalda completa, un buen **placaje**, sigue siendo un buen atributo para tener.

También es necesaria una fuerte capacidad de **cabeceo en** todos los sentidos.

Es una ventaja tener un medio centro que posea algunos o todos los atributos siguientes, aunque debido a que el jugador tiene uno o dos colegas, son menos esenciales si otros compañeros de equipo los tienen. **Comodidad en el balón, buen pase** y **velocidad** son beneficiosos.

Mediocampistas defensivos centrales

Algunos dirán que es la posición menos glamurosa sobre el terreno de juego, pero sea cierto o no, es sin duda una de las más importantes. Un buen centrocampista defensivo central puede permitir que los jugadores más creativos se sientan más seguros en su juego. Puede hacer que los defensores se sientan cómodos para seguir adelante.

Hay dos o tres elementos esenciales en el papel. Es necesario tener una buena **resistencia**, ya que el jugador estará cubriendo y tackleando con regularidad, además de estar siempre disponible para el pase. Una buena **disciplina** es imprescindible. Probablemente es la posición en el fútbol profesional la que recibe más tarjetas amarillas, porque es la posición clave en el parque. La capacidad de **leer** el juego también es crucial.

Aun así es importante, pero no absolutamente vital, una buena habilidad de **pase corto** es muy útil, y no está de más poder realizar pases **flotantes** o **ponderados**. El Medio Centro Defensivo (CDM) a menudo llega tarde a los ataques, tal vez recogiendo el balón a medida que se despeja, y por lo tanto la capacidad de disparar desde la distancia es un arma importante en la armería de un **jugador.**

Por último, como se mencionó al principio, se puede ver como una posición poco glamorosa, el jugador destructivo que protege apacienta y empuja. Un compromiso para emprender esa tarea es, por lo tanto, muy necesario.

Centrocampista Central

La resistencia es imprescindible. Los gerentes de las viejas escuelas se refieren a esto como un "buen motor"; es la habilidad de mantenerse en movimiento, apoyando el ataque un minuto, siguiendo una carrera al siguiente y ganando un tackleo 50/50. La **autodisciplina** para hacer esas carreras de cobertura es importante, como también lo es el **ojo para una meta**. Los centrocampistas centrales suelen ser los jugadores que llegan en posición de goleador y, por lo tanto, no son recogidos. La gama completa de habilidades **de pase** es crucial, ya que las jugadas a menudo se acelerarán como resultado del pase o la carrera de un centrocampista central.

Centrocampista

Esta posición ha evolucionado desde la del extremo tradicional en estos días. Se requiere la **velocidad** de un extremo, pero también una **disciplina defensiva** para volver a ponerse en forma cuando se pierde la posesión. Hacer **carreras** durante una transición para recuperar la posesión es importante, porque el balón a menudo se cambia a un jugador ancho, ya que ahí es donde está el espacio. La **habilidad para cruzar, las habilidades de tiro y las habilidades y técnicas de regate** son factores esenciales, un **ojo para un gol** es importante, para quitar algo de presión al delantero central. El **pase** también es una habilidad muy demandada desde esta posición.

Extremo

A veces visto como un lujo en estos días, sin embargo, un extremo puede ganar partidos. Se requieren todas las cualidades ofensivas enumeradas anteriormente, pero como el trabajo de un extremo es casi exclusivamente ofensivo, se espera un **ritmo** extra, mejores **tiros**, etc.

Número Diez

Antiguamente, a este jugador se le conocía como el segundo delantero; en el juego actual, el número diez es el creador de juego, el maestro, el artista, incluso más que el delantero central. Un número diez posee un **control cercano** sobresaliente, ya que el balón se recibe a menudo en situaciones difíciles. Se necesitan **pases** cortos y largos excelentes. Se espera que esta posición realice tanto goles como asistencias, y por lo tanto se necesitan **tiros** fuertes, así como la capacidad de hacer grandes **carreras** y tener buen **ojo para un gol**.

La lectura del juego es vital, ya que el número diez es el jugador que a menudo "ve" el pase que abre una defensa.

Todavía importante, pero quizás no crucial para poseerlo todo, los atributos de **velocidad, cabeceo, disciplina defensiva** cuando se pierde la posesión y **rastreo** son todos útiles.

Delantero central

Hay, en general, dos tipos de centro-adelante. El tipo Olivier Giroud - el delantero francés es un coloso que puede **sostener** bien **el balón, cabecear** con excelencia, marcar goles y también atraer a otros jugadores con su **lectura** del juego. Giroud es fenomenalmente **fuerte** y **valiente**, sin dar nada en sus peleas con los defensas. También es un **defensor** útil en las jugadas de set, usando su físico y su habilidad de **cabeceo defensivo para lograr un** gran efecto.

El otro tipo se caracteriza mejor por Lionel Messi. La maravilla goleadora tiene un ritmo **explosivo**, una gran capacidad de **regate** y un **equilibrio** soberbio.

Además, cualquier delantero central necesita un **ojo para el gol**, una gran capacidad de **tiro** y un excelente control de **cerca**.

Poniéndolo todo junto

Una vez que se han completado los análisis, el entrenador puede ver la imagen de su equipo. Él o ella pueden seleccionar su formación preferida basándose en las fortalezas de los jugadores que tienen disponibles. ¿Un montón de hábiles centrales? Juega tres y dales la licencia para avanzar. ¿Problemas para encontrar un centrocampista defensivo de calidad? Elige una formación que niegue la necesidad de tal jugador, tal como ir por 4-5-1 o incluso 4-4-2.

Pero todos sabemos que los once mejores jugadores técnicos no siempre son el mejor equipo. Al tomar la decisión final, el entrenador debe tener en cuenta la forma en que los jugadores trabajan juntos. Tendrá en cuenta su **comunicación**, su **resistencia** y su **espíritu de lucha**.

Estos factores serán la pieza final en el rompecabezas de la formación. Después viene el retoque, la adaptación de una formación para hacer frente a las amenazas de la oposición. Si juegan un balón en la baraja, un juego de pases rápidos, entonces la resistencia en nuestro propio equipo se vuelve aún más importante porque el balón se moverá más rápido. Si juegan un juego de alta presión, entonces se requiere un mejor **primer toque** y **control** por parte de cada jugador, ya que habrá una presión constante, en lugar de solo en el último tercio, como sería el caso con un equipo que se mantiene alejado.

Con la información de las habilidades de cada jugador, elegir esa formación es más informado, más objetivo y por lo tanto, con toda probabilidad, más eficaz.

Ataque Set Play Analytics

En este capítulo analizamos las jugadas fijas desde una perspectiva ofensiva. Consideraremos los saques de esquina, los tiros libres en posición de tiro directo, los tiros libres desde ángulos amplios, los lanzamientos de ataque y los penales.

En general, más de uno de cada tres goles marcados es de jugadas fijas, un número muy significativo, por lo que vale la pena prepararse para estas situaciones. ¿O sí lo es?

Esquinas

Conocemos la escena. Un gol abajo y buscando desesperadamente el empate. Nuestro equipo gana un saque de esquina. La multitud se vuelve loca, la adrenalina de los jugadores fluye. Pero no debería ser así. Porque, de hecho, las posibilidades de gol son bastante remotas. De hecho, solo uno de cada doscientos goles en el fútbol profesional es el resultado de un saque de esquina. Esa información proviene del análisis en acción. Una de las razones de esta baja tasa de puntuación es que casi nueve de cada diez tiros desde las esquinas (incluyendo los cabezazos) fallan el blanco. Este es un porcentaje mucho más alto que en el juego abierto.

Pero la razón es bastante lógica si se considera. Los equipos defienden los saques de esquina con números, por lo que conseguir el balón a través de una multitud de jugadores es bastante complicado por sí solo, pero el equipo atacante también está bajo presión. El balón llega al atacante con los defensores cerca. Hay poco tiempo para ponerse en posición, y mucho menos para controlar el balón.

Los datos de análisis muestran que la mejor esquina, estadísticamente, es la esquina corta. Esto se debe a que las defensas enviarán a un segundo jugador para que se ocupe de ellos. La consecuencia es que hay dos jugadores menos que luchan por competir en el área, uno de cada lado. Esto deja más espacio y aumenta la probabilidad de que cualquier disparo o cabezazo sea preciso. Si se va a hacer un saque de esquina largo, entonces es más probable que un balancín de entrada (un centro que comienza en una curva a una distancia de la portería y luego se desplaza hacia atrás hacia ella) dé como resultado un gol que un balón que se desplaza hacia afuera. Estos datos van en contra del punto de vista tradicional de que un *swinger* que sale es una mejor opción porque hace que sea más difícil para el portero reclamar el balón.

Sin embargo, todavía no hay datos suficientes para saber si el *swinger* es más peligroso porque las defensas esperan que el balón se balancee hacia afuera y por lo tanto están menos preparadas.

Las implicaciones para el entrenador, o jugador individual, es llevar a cabo sus propios análisis en su equipo para ver qué jugadores son los más precisos en *swinger* del balón. La segunda tarea consiste en ver qué movimientos hacen que el área esté menos abarrotada, lo que aumenta las posibilidades de un remate de cabeza o de un disparo limpio por parte del equipo atacante.

Tiros libres con efecto directo

Si más de un tercio de los goles son resultado de jugadas fijas, entonces la mayoría de esos goles son el resultado de tiros libres directos. Se convierte un porcentaje mayor de penales, pero hay muchos menos en comparación con los tiros libres directos en las posiciones de tiro.

Podemos usar el análisis para identificar la mejor posición para una patada y el mejor tipo de patada a realizar. A continuación, podemos utilizar el estudio de nuestros propios jugadores para identificar quién es la persona más indicada para ejecutar los tiros, dependiendo de dónde se encuentren.

Comenzando con el análisis de la patada en sí, los más exitosos son los que se golpean con una patada "curva". Por lo tanto, nuestros análisis buscan identificar a nuestros jugadores que puedan realizar mejor esta técnica. Los propios jugadores pueden trabajar en esto. Se crea una patada curva con una amplia carrera hacia arriba, el pie no pateador plantado firmemente en el ángulo de la carrera y el balón golpeado con un golpe firme en la cara, impartiendo efecto. La pierna debe continuar a través de la acción y terminar en una posición alta. De esta manera, se aplican tanto el giro lateral como el superior, y es más probable que el balón evite la pared mientras se aleja del arquero o encuentra la esquina del arco.

Pero los estudios de los análisis nos dan más detalles sobre dónde entraron los mejores tiros libres en la portería. La zona de mayor éxito es la esquina superior, lo que no es de extrañar. En la parte baja de la curva era segundo. Pocos tiros libres se ejecutan, al menos a nivel de élite, a menos que el tiro esté en la esquina, y la altura media es el área más fácil para que un arquero haga una parada.

Cuanto más rápida sea la velocidad del balón, más probable es que termine en un gol. Los tiros con el empeine son más precisos, pero se ha comprobado que la velocidad que imparten es mucho menor que con un tiro libre curvo, por lo que los arqueros pueden salvarlos más fácilmente, aunque tengan más probabilidades de estar en el blanco.

Por lo tanto, nuestro análisis de jugadores está buscando un jugador que pueda realizar la patada, generar potencia y proporcionar precisión. ¡Simple! La mayoría de los goles provienen de tiros libres en línea con la D del área penal. En los casos en que se lanzan tiros más amplios, la mayoría de los goles se producen en el primer palo. Los goles del poste lejano desde áreas amplias se marcaban más a menudo con un disparo/cruz que rebota delante del portero. Debido a la trayectoria de este tipo de arqueros, se les hace tarde para zambullirse, en caso de que un delantero o defensor consiga tocar el balón con la mano.

Se ha comprobado que la distancia óptima a la portería para convertir un tiro es de 27 metros. Un alto porcentaje de goles de tiros libres que se ejecutan como tiros proviene de desvíos. Menos de lo que cabría esperar son los rebotes, quizás porque los tiros suelen ser altos y cuando un arquero hace una parada, es probable que salga a saque de esquina.

Casi todos los goles marcados con un tiro directo al arco entraron en la meta a menos de un metro del poste.

Ahora sabemos qué decirles a nuestros lanzadores de tiros libres que hagan. Y podemos evaluar, utilizando nuestros análisis, a los mejores jugadores para cumplir con esos requisitos.

Tiros libres de gran angular

Cuando John Henry se hizo cargo de la dirección del Liverpool Football Club, uno de los más famosos y exitosos de todos los tiempos, pero que se había deslizado de los niveles más altos del deporte, pensó que el uso del análisis podría llevar al equipo de vuelta a la cima del juego mundial. Como propietario del equipo de los Boston Red Sox, había empleado un sistema llamado "Moneyball" para dar buenos resultados en el mundo del béisbol. Este sistema identificó el juego más efectivo y buscó usarlo con la mayor frecuencia posible.

Usando datos estadísticos, identificó a los dos mejores jugadores del balón en el juego, y al mejor convertidor de pases, y gastó mucho dinero apostando por ellos. Estos fueron Jordan Henderson, Stewart Downing y, en el medio, Andy Carroll. Todos eran internacionales, pero ninguno merecía el elogio de ser de "clase mundial". El experimento fracasó estrepitosamente; sí, hicieron bien su trabajo, pero el trabajo que estaban haciendo no era, en términos futbolísticos, muy eficaz. Los pases no son una forma productiva de aumentar el flujo de metas. Henry había aprendido que había muchas más variables en el juego más fluido del fútbol.

Estadísticamente, esto plantea la cuestión de los tiros libres desde una amplia área. Estos son más peligrosos cuando están alineados con el borde del área penal y el equipo atacante posee cabeceras de balón fuertes y efectivas, así como jugadores que pueden lanzar centros con rapidez. Cuanto más cerca del banderín de córner esté el tiro libre, más se parecerá a un córner, y sabemos que no son eficaces. Cuanto más profundo sea, más tiempo tardará el balón en entrar en el área y, por lo tanto, más tiempo tendrán que ponerse en posición las defensas para lidiar con él, y más tiempo tendrá el arquero para venir a recoger o despejar el balón.

Utilizando los análisis derivados del análisis de muchos, muchos partidos podemos ver por lo tanto que el único momento para golpear el tiro libre directamente en el área es si tenemos tanto (a) el tipo de jugadores que pueden entregar un buen balón, como otros capaces de llegar al final del cruce, y (b) cuando el balón está en un campo estrecho de entre doce y veinticinco yardas de la línea de banda. Otros tiros libres largos, estadísticamente, son más efectivos jugados cortos y rápidos, utilizando el hecho de que una defensa intentará organizarse y, por lo tanto, no necesariamente espera un pase rápido.

Saques de banda

Los saques de banda en ataque pueden dar lugar a posibilidades de marcar goles, ya que se pueden ensayar. El propio análisis de nuestros jugadores puede determinar si el tiro largo es probable que sea un arma significativa. Tenga en cuenta que hay tres factores que debe realizar el lanzador para que este tipo de arma sea eficaz. En primer lugar, el jugador debe ser capaz de lanzar el balón con una precisión considerable. El balón tiene que entrar en el área que el equipo ha ensayado para asegurarse de que el jugador correcto está ahí para recibirlo, y las carreras fuera del balón por el segundo y tercer receptor terminan con el lanzamiento de *flick-on* que les alcanza.

En segundo lugar, el tiro debe ser largo. Tiene que llegar a una posición en la que el receptor pueda lanzar el balón hacia un área de gol. Finalmente, el tirador necesita ser capaz de generar velocidad. Un tiro plano y rápido es mucho más difícil de defender que un tiro largo y loco.

La siguiente consideración para tener en cuenta es si el equipo tiene jugadores lo suficientemente altos y fuertes en el aire como para ganar ese tiro. Por último, hay que tener en cuenta la oposición. Si tienen un portero que es fuerte para salir y despejar los lanzamientos largos, entonces serán menos efectivos que con un portero que prefiera permanecer en su línea. Del mismo modo, una gran puesta a punto defensiva con muchos jugadores que son buenos en el aire verá menos resultados positivos que contra una puesta a punto más pequeña (incluso si es más móvil).

Sin embargo, los tiros no tienen que ser largos para crear una oportunidad de gol. El otro tipo de tiro de ataque, según demuestran los análisis, que puede causar problemas a una defensa es el tiro rápido. Esto se debe a que el equipo defensor está menos organizado, y si el balón puede volver a estar en juego antes de que esa organización sea restaurada, entonces habrá más espacios en los que los atacantes podrán correr.

Sanciones

De todas las jugadas, la penalización es la más fácil de analizar, porque hay la menor cantidad de variables. Pero hay un giro interesante en este aspecto del juego. Es el único punto en un partido en el que se espera que el delantero marque, y la maniobra está planeada y ocurre con tiempo para que el delantero piense. Con los tiros libres, la expectativa es que el delantero no marque, es una ventaja cuando lo haga. En el juego normal, hay más variables y menos tiempo para pensar, por lo que el instinto (que "ojo para una meta") se vuelve de mayor importancia.

Por lo tanto, con un penalti, no es solo el mejor delantero de un balón el que debe convertirse en el ejecutor nominado, sino el que está tranquilo, o incluso más eficaz, golpeando bajo presión. Aunque sabemos que la práctica influye en la capacidad de un jugador para marcar penales, la presión de un partido no puede repetirse en una situación de entrenamiento.

Por lo tanto, el entrenador podría utilizar sus datos analíticos para tratar de determinar el jugador que es más hábil para golpear el balón combinada con una cabeza fría. Sin embargo, las sanciones son aún más complicadas que eso. Recibir un puntapié desde el punto penal cuando ya está 3-0 arriba pone mucha menos presión sobre el jugador que cuando los puntajes están nivelados, o cuando el equipo está un gol por detrás.

La tanda de penales proporciona un nivel de presión totalmente diferente, y aunque son poco frecuentes en toda la gama de partidos jugados, los entrenadores deben utilizar sus datos sobre "frescura bajo presión" y "golpeo limpio del balón" para ayudarles a determinar el orden de los jugadores que deben ejecutar el tiro desde el punto penal.

El mejor jugador no debe ser reservado hasta el final. En primer lugar, existe el riesgo de que la tanda de penales se decida antes y, por lo tanto, el mejor jugador del equipo pierda la oportunidad de anotar un gol. En segundo lugar, el trinquete de presión llega al nivel máximo a partir de la tercera patada, porque este es el punto en el que marcar se convierte en esencial para mantener a un equipo en el juego.

Dependiendo del nivel en el que juegue un equipo y de los recursos de que disponga, se pueden utilizar otros dos conjuntos de datos para maximizar las posibilidades de convertir un tiro penal en gol.

En primer lugar, los datos de su propio rival. Suponiendo que los factores psicológicos ya han sido evaluados, es bastante fácil medir la precisión, el poder y los porcentajes de puntuación de los jugadores de un equipo. Eso se puede hacer con lápiz y papel. Además de eso, también se pueden usar los datos de dónde un penalizador prefiere colocar el balón.

En los casos en que los clubes tengan acceso a esos detalles, se podrán tener en cuenta los puntos fuertes y las preferencias de la oposición. Sobre todo cuando al portero contrario le gusta bucear. Por lo tanto, si dos jugadores de nuestro equipo tienen un conjunto razonable de datos, pero un jugador prefiere poner el balón a la izquierda de un arquero, pero es ahí donde ese arquero en particular favorece su inmersión, entonces tiene sentido promover al otro miembro de nuestro equipo, al que le gusta golpear a la derecha, para que tome la decisión de tirar el balón en ese partido. Los propios jugadores también pueden utilizar los datos, trabajando para golpear sus penaltis al equipo no favorecido por el portero al que se enfrentan.

Son estos pequeños factores porcentuales los que pueden combinarse para producir una fórmula ganadora utilizando datos.

Las sanciones de defensa también se pueden mejorar a través del estudio de los arqueros. Si saben dónde prefieren los delanteros hacer sus tiros, aumentan sus posibilidades de salvarlos. Estadísticamente, también es una idea razonable que un arquero a veces se mantenga erguido durante un penal. Se golpea a más personas por la mitad de las que a menudo se cree, y una vez que el arquero se lanza, es golpeado.

En la final de la Copa de Campeones de la Liga de Campeones de 2012, hubo pruebas muy claras del uso de los datos de forma positiva por parte de un portero. El Chelsea se impuso al Bayern de Múnich en una tanda de penales. Su excelente arquero había pasado muchas horas estudiando un vídeo de cinco años de penaltis del Bayern de Múnich (¡una buena recopilación de datos por parte de alguien!). Conocía el ángulo de ataque preferido de todos los jugadores de su equipo que lanzaban un penalti. Utilizó estos datos para adivinar dónde se colocarían las penalizaciones. Adivinó el ángulo correctamente cada vez, sugiriendo que la palabra `adivinado' es un poco despreciativa para la ciencia que había entrado en su propia preparación. Al ir por el buen camino, detuvo dos de los penales, lo suficiente como para ganar la tanda de penales.

Después de haber analizado el importante papel de las jugadas de set desde una perspectiva ofensiva, ahora veremos lo que el análisis puede decirnos sobre la defensa de estos aspectos del juego.

Un mensaje del autor

¿Estás disfrutando el libro? ¡Me encantaría escuchar tus pensamientos!

Muchos lectores no saben lo difíciles que son las críticas y lo mucho que ayudan a un autor.

Estaría increíblemente agradecido si pudieras tomarte solo 60 segundos para escribir un breve comentario sobre Amazon, ¡aunque solo sean unas pocas frases!

Por favor, diríjase a la página del producto y deje un comentario como se muestra a continuación.

¡Gracias por tomarse el tiempo para compartir sus pensamientos!

Su revisión realmente hará una diferencia para mí y me ayudará a ganar exposición para mi trabajo.

Análisis de juego defensivo

Al observar las jugadas defensivas, nos centraremos en los mismos aspectos que en el capítulo que acabamos de leer. Sin embargo, incluimos un vistazo a las penalizaciones desde el punto de vista del arquero, por lo que ese tema ya está cubierto.

Disparos desde tiros libres directos

El hecho es que, si el tiro es lo suficientemente bueno, no hay nada que se pueda hacer para evitar el gol. Sin embargo, podemos usar el análisis para reducir la probabilidad de una puntuación haciendo todo lo posible para detener el intento imperfecto.

No conceda el tiro libre en primer lugar

A la hora de elegir nuestro mediocampo defensivo y defensivo, este es un factor que podemos tener en cuenta. Dado que un alto porcentaje de goles provienen de jugadas fijas, podemos elegir jugadores que estadísticamente regalan menos tiros libres en posiciones de peligro. Buscamos jugadores defensivos con buena autodisciplina, que no se zambullan en las entradas a menos que sea absolutamente necesario. Pep Guardiola, ex entrenador del Barcelona y uno de los líderes de equipo más exitosos del mundo, rara vez se muestra partidario de atacar, de acosar más al balón y de presionar para que el rival pierda el balón. El único momento en que abogaría por un *tackleo* completo es cuando se trata de evitar una oportunidad de gol. Buscamos jugadores con buen equilibrio y agilidad, y buen ritmo, para que sea menos probable que se vean obligados a cometer una falta.

Organizar el muro defensivo

Los muros defensivos hacen un buen trabajo al prevenir que el balón llegue al arco. Idealmente, los jugadores altos deben estar en el muro para evitar que tengan que saltar (dejando así el riesgo del tiro por debajo del muro defensivo).

Manténgase alerta para los rebotes

A un par de jugadores se les debe asignar el papel de asegurarse de que son los primeros en rebotar. Estos no pueden ser demasiado profundos o los jugadores atacantes podrán bloquear legítimamente la visión del arquero.

Tiros libres de gran angular y esquinas

Hay dos escuelas principales de pensamiento con respecto a la defensa de las esquinas y poner el balón de juego en el área desde posiciones amplias. El primero aboga por la marcación del hombre. El segundo es el marcado por zonas.

Marcación realizada por el hombre

Esto funciona sobre la base de que cada defensor asume la responsabilidad de un atacante. Es una táctica arriesgada porque los atacantes pueden combinarse antes de que el balón sea golpeado para proteger al jugador "objetivo" de ser marcado. Tiene la ventaja de que el defensor se está moviendo y por lo tanto puede saltar más alto de lo que lo haría en una salida de pie.

Marcación por zonas

Bajo este sistema, cada defensor es responsable de un área del área penal y busca asegurar que si el balón es alcanzable en su zona, entonces ellos pondrán sus cabezas sobre ella. El principal problema de este sistema es que los defensores parten desde una posición estacionaria, mientras que el atacante tiene una carrera sobre el balón, por lo que es más difícil conseguir altura en el salto.

Aquellos que disfrutan viendo el fútbol en la televisión y luego escuchando a los expertos al final, con frecuencia escucharán críticas al sistema de marcaje zonal. Esto se debe quizás a que cuando tiene éxito, es menos dramático que un hombre marcado como despejado. El balón simplemente no llega a su objetivo. Tal vez también, cuando se marcan goles contra una defensa de zona, el defensor puede parecer débil porque el delantero simplemente los ha superado.

Las estadísticas, reveladas por el análisis, cuentan una historia diferente. La marcación zonal es más exitosa. La diferencia es insignificante, pero está ahí.

Un mejor enfoque

Si están utilizando la evidencia analítica, los equipos deben emplear una defensa zonal. Sin embargo, la evidencia también muestra los riesgos del sistema, como se describió anteriormente. Por lo tanto, los objetivos particulares para el ataque también deben estar marcados. No tiene que ser el mejor remate de cabeza de un balón, sino que debe ser alguien móvil y fuerte. La presencia de tal jugador debería limitar el salto del delantero, permitiendo así que la defensa de la zona haga su trabajo.

Otras posiciones para asegurar

Uno de los grandes debates es si hay que poner o no a un defensor en juego. Las estadísticas sugieren que esto es aconsejable en el poste lejano; el poste cercano solo debe cubrirse si el balón se golpea más allá de esta posición, cuando un defensor debe volver a caer en el poste hasta que el balón se despeje.

Es importante colocar a un jugador fuera del poste cercano para cortar la esquina de este, o el cruce bajo conducido, o incluso la esquina mal golpeada. Este jugador es a menudo el que hace el despeje.

Lo mismo se aplica a la ejecución de un tiro libre largo.

Saques de banda

Lanzamientos largos

Esta es una situación en la que el análisis en juego pasa a primer plano. Es probable que el equipo atacante tenga un juego fijo. Ellos confían en que su objetivo gane el balón y luego marque el segundo balón. Por lo tanto, es probable que el hombre objetivo haga la misma jugada siempre.

El entrenador y los defensores necesitan aprender el movimiento que están haciendo los oponentes y asegurarse de que su mejor cabezazo del balón sea el que desafía al hombre objetivo, y los jugadores están ahí para recoger y despejar el segundo balón.

Los análisis nos dirán que un lanzamiento es más preciso que una patada. Por lo tanto, cuando hay un jugador del otro quipo que puede realizar un tiro rápido y plano, es algo muy difícil de defender. El jugador en la defensa con mayor ventaja es el arquero, ya que es el jugador que puede obtener la altura adicional por el uso de las manos. Por lo tanto, el arquero debe ser el jugador que viene a buscar el balón y tratar de despejarlo a menos que esto lo aleje demasiado de su meta.

Lanzamientos rápidos

Aparte de entrenar a un equipo para que se organice rápidamente, hay poco que hacer para defender esto. Fomentar la toma de decisiones es la mejor manera, por lo que los jugadores están preparados para encajar en los huecos, incluso si no es su posición, para neutralizar la amenaza de un lanzamiento rápido.

Análisis del rendimiento de los reproductores

Podemos crear perfiles de nuestros jugadores de forma muy eficaz. Estos datos se pueden poner en programas de software (el mercado está creciendo) que analizarán los resultados y mostrarán gráficamente las fortalezas y debilidades individuales, grupales y de equipo. Estos datos pueden utilizarse, si las circunstancias lo permiten, para informar al juego táctico, las mejores maneras de contrarrestar los puntos fuertes de los adversarios: cuando los clubes operan de esta manera, pueden ayudar con la política de reclutamiento.

Sin embargo, en el caso de los equipos de clubes pequeños, o de los jugadores individuales de clubes pequeños, los datos pueden analizarse sin necesidad de recurrir a programas informáticos especializados. Las conclusiones de los datos pueden ser menos precisas y es más probable que se cometan errores, pero la información encontrada seguirá siendo útil para que los jugadores y entrenadores identifiquen las fortalezas, debilidades y contribuciones al equipo que un jugador puede hacer.

Deberíamos analizar el rendimiento tanto en los partidos como en los entrenamientos, y esos datos pueden utilizarse para analizar la relación entre dos para un jugador. También demostrará el papel que la presión y la competencia juegan al influir en el desempeño de un miembro del equipo.

En la situación del partido, la evaluación de los datos en los que no se dispone de equipos de seguimiento complejos sigue siendo posible. Una buena manera de hacerlo puede ser asignar a un operativo del club, a un jugador lesionado, a un entrenador asistente -incluso a un aficionado de confianza- para que siga el rendimiento de su jugador, busque y registre los criterios que se van a evaluar.

Preguntas para tener en cuenta al recopilar datos de los jugadores

Es importante ser lo más objetivo posible al recopilar los datos. Estos son los tipos de preguntas que deben ser consideradas al tomar y analizar esa información. Nos hemos referido a los datos observados en humanos como datos "expertos", ya que la persona que toma la información está usando su experiencia para hacer juicios.

- ¿Cuán comparables y confiables son los datos de los expertos en comparación con los datos generados electrónicamente?
- ¿Cómo están calificando los expertos?
- ¿Qué atributos de un jugador parecen ser los más influyentes en su desempeño?
- ¿Las diferentes posiciones en el parque requieren diferentes atributos, y si es así, cuáles son?

- ¿La combinación de la calificación individual permite lograr una calificación de equipo?
- ¿Los expertos consideran el resultado del juego cuando evalúan las actuaciones individuales?

Una vez contestadas estas preguntas, las conclusiones se pueden añadir a las evaluaciones realizadas, lo que las convierte en un indicador más preciso de la capacidad de un jugador.

¿Qué buscamos al evaluar a un jugador?

Esta es una pregunta importante, y la respuesta es directa. ¡Mucho! Es importante obtener una imagen completa del jugador y, por lo tanto, todo lo siguiente podría considerarse importante. Sin embargo, los entrenadores pueden optar por concentrarse en ciertos aspectos del rendimiento y la capacidad de un jugador (al igual que el propio jugador) para desarrollar esto, o porque eso es algo que debe ser abordado en el equipo o porque, desde el punto de vista de la posición, es lo más importante.

La gama completa de consideraciones se presenta a continuación:

Características básicas

Estos son los factores no específicos del fútbol que pueden desempeñar un papel en el rendimiento de un jugador.

- Nacionalidad/idioma de comunicación
- Edad
- Estatura
- Pie más fuerte
- Posiciones de juego

Habilidades de ataque

- Control del balón
- Control de regate (driblin)
- Velocidad de regate (driblin)
- Pase bajo / a nivel del suelo
- Pases elevados
- Ataques de cabeceo
- Velocidad de giro
- Habilidades de giro (esto podría subdividirse para incluir diferentes tipos de giro, como un giro *Cruyff*).
- Habilidades de regate (por ejemplo, tijeras, nuez moscada o finta)
- Acabado a corta distancia
- Tiro al área penal
- Tiros a larga distancia
- Habilidad para dar un volantazo al balón
- Disparar con menor precisión de pie

- Disparar con una potencia de pie más débil
- Disparar con menos confianza en los pies
- Tiro del balón muerto
- Entrega de bola muerta
- Poder explosivo
- Aceleración
- Velocidad
- Calidad de las pistas
- Disposición a correr fuera del balón
- Capacidad de cruzar antes el balón
- Capacidad de pasar antes el balón
- Pase con un solo toque
- Tiro por primera vez (esto se puede subdividir en las categorías de tiro anteriores)

Características defensivas

- Posicionamiento
- Lectura y anticipación
- Proeza defensiva
- Dominada del balón
- Potencia de patada
- Distancia de rumbo
- Salto

- Rumbo bajo presión
- Fuerza
- Marcación realizada por el hombre

Arquero

- Manejo
- Punzonado
- Anticipación
- Reacciones
- Comunicación
- Velocidad
- Recuperación de la caída
- Salto con fuerza a cada lado
- Valentía
- Distancia de patada
- Precisión de patada
- Confianza al patear
- Distancia de proyección
- Precisión de lanzamiento

Características generales (fútbol)

- Formulario

- ¿Cuán propenso a sufrir lesiones?
- Recuperación de una lesión
- Tiro largo
- Capacidad de seguimiento
- Balance
- Resistencia
- Pase balanceado

Características generales (inespecíficas)

- Espíritu de lucha
- Resistencia
- Control disciplinario
- Fortaleza del capitán
- Impacto como sustituto
- Comunicación

Es evidente que un entrenador puede querer ponderar estas características en función de las necesidades de su equipo y de la forma en que desee jugar. Un buen ejemplo fue el del gerente Pep Guardiola. El ex entrenador del Barcelona y del Bayern de Múnich, considerado uno de los mejores del mundo en la actualidad, se hizo con el Manchester City, un club inmensamente rico. Su arquero era el reconocido arquero internacional inglés Joe Hart. Sin embargo, decidió que necesitaba otro hombre entre los puestos. El factor decisivo fue que a Guardiola le gusta jugar un juego basado en la posesión, con un juego que empieza desde atrás. También le gusta empujar a sus defensores hacia delante. Por lo tanto, necesitaba un portero de fútbol. Alguien que podría recibir un pase de regreso con confianza, podría pasar bien él mismo, incluso podría vencer a un atacante apresurado. Era vital para el plan de juego de Guardiola que la pelota nunca fuera pateada con esperanza más que con una intención específica.

Desafortunadamente para Hart, aunque es un buen arquero con una excelente maniobrabilidad y capacidad para detener tiros, sus habilidades futbolísticas son, en el mejor de los casos, intermedias.

Del mismo modo, en cualquier nivel, un entrenador puede decidir que su equipo necesita una gran mitad central capaz de dominar en las jugadas a balón parado. Puede estar preparado para sacrificar otro atributo para conseguirlo, como la velocidad o la habilidad de pasar. Donde su equipo ya tiene altura, él querrá otras habilidades de esta posición.

Podemos ver que está muy claro que un análisis tan detallado de las habilidades de un jugador conducirá a un plan claro para su propia mejora. También mostrará claramente lo que el jugador puede ofrecer al equipo. Al combinar los datos de todo el equipo, se pueden detectar mejor las fortalezas y debilidades generales. El software lo hará de forma rápida y eficaz. Muchos de los programas son ahora asequibles y suficientemente sencillos para ser utilizados por los aficionados, incluso en los niveles inferiores del deporte.

De hecho, aquellos que emprenden análisis, aplican los hallazgos de manera inteligente e invierten el tiempo (más, quizás, dinero) necesario para obtener resultados efectivos pueden encontrarse dejando atrás a los niveles más bajos.

Análisis de las lesiones de los jugadores

Las cuatro ligas más grandes del mundo del fútbol están todas en Europa. La Premier League inglesa es la más fuerte, al menos en cuanto a dinero se refiere; la Liga tiende a devolver a los mejores equipos, aunque eso se debe al Barcelona y al Real Madrid. La Bundesliga en Alemania es muy fuerte, al igual que la Serie A, la liga italiana que pulsa el éxito con períodos de dominación y períodos en los que es mucho menos fuerte. En la temporada 2015, el costo de las lesiones en cada una de esas ligas promedió casi 70 millones de dólares.

Los mejores terrenos de juego y una mayor comprensión de los regímenes de entrenamiento y de factores externos como la dieta y la psicología han visto mejorar las situaciones de lesión, pero el aumento de la competitividad, el número de partidos y la velocidad de los jugadores ha contrarrestado esta situación.

En el mundo de las lesiones de los jugadores llegan ahora los grandes datos de los análisis, y están marcando la diferencia. En todo el mundo del deporte, estamos asistiendo a una reducción de las tasas de lesiones de hasta un tercio, con lesiones del tipo de los tejidos blandos cayendo cerca del 90%.

Los sistemas están todavía en su infancia, y los científicos deportivos todavía están aprendiendo cómo interpretar mejor los datos. Sin embargo, la idea básica es que mediante la recopilación de datos exhaustivos, las grandes empresas de software son capaces de identificar los patrones que conducen al daño. Todos los clubes pueden hacer uso de estos datos para proteger mejor a sus propios jugadores.

Durabilidad

Las lesiones ocurren más cuando los jugadores se cansan física y mentalmente. Los músculos son más parecidos a la tensión, o al desgarro, cuando los jugadores alcanzan el final de su resistencia. Esto tiene dos implicaciones para el jugador y el entrenador. En primer lugar, necesitan desarrollar su resistencia a través de un programa de fitness que les permita durar noventa minutos. A nivel profesional, esto es relativamente fácil, ya que los rastreadores se pueden aplicar en el entrenamiento para identificar el punto en el que un jugador se cansa. A nivel amateur, hay más instinto involucrado, pero se obtendrán beneficios.

El agotamiento mental también contribuye a las lesiones, de dos maneras. En primer lugar, cuando el juicio mentalmente cansado sufre, y los jugadores pueden estirar demasiado o hacer mal las entradas de tiempo. En segundo lugar, un jugador en forma tiene más probabilidades de ser lesionado por un oponente cansado. Esto se evita mejor asegurando que los jugadores puedan mantenerse mentalmente concentrados durante todo el juego, ayudándoles a evitar el *tackleo* o la arremetida fuera de tiempo.

Técnica

Una buena técnica es crucial. Sin esto, los jugadores corren un mayor riesgo de tirar de los músculos o de causar tensiones. Pero incluso más que esto, una mala técnica puede llevar a lesiones por desgaste a largo plazo, algunas de las cuales pueden ser una amenaza para la carrera profesional. Un buen ejemplo de ello es el del exdelantero Michael Owen. El delantero de Inglaterra, Liverpool, Real Madrid, Newcastle y Manchester United prometió convertirse en quizás el mejor del mundo.

Su juego fue construido alrededor de un ritmo explosivo, pero esto se perdió después de una lesión. Seguía siendo un buen jugador, pero esa ventaja había desaparecido de su juego. Eventualmente, el problema se debió a la mala postura, que ha ejercido una presión a largo plazo sobre los músculos, de la que nunca se recuperó por completo.

Una mala técnica también lleva a un jugador a exponerse más a las lesiones en la entrada. El análisis puede ser de gran ayuda en este sentido. Se puede analizar la técnica del jugador en varias habilidades, y cuando hay faltas, éstas se pueden tratar con práctica.

Flexibilidad

El papel del estiramiento es mucho más conocido ahora. El estiramiento efectivo puede agregarse a las rutinas de entrenamiento y adaptarse a las necesidades particulares de los jugadores y posiciones individuales, identificadas mediante el análisis de sus atributos y las demandas de la posición.

Prevención preventiva de lesiones

A veces, cuando se anuncian los equipos, los aficionados pueden sentirse muy frustrados. Su mejor jugador queda fuera o, lo que es más frustrante, en el banquillo. "¿Por qué?" se preguntan: "Si está en forma para el banquillo, está en forma para jugar.

Los análisis de alto nivel, como se obtienen a través de los dispositivos de seguimiento utilizados en el entrenamiento, pueden de hecho identificar que un jugador solo puede ser lo suficientemente apto para la mitad de un juego, por lo que se salva en caso de que sea necesario. El análisis puede haber identificado un mayor riesgo de lesión a largo plazo después de un golpe o esfuerzo menor.

A ningún equipo le gusta estar sin sus mejores jugadores, y a ningún jugador le gusta prescindir de seis partidos porque se arriesgaron con una rodilla maltrecha o con un problema menor de tendones de la corva. Por lo tanto, el uso del análisis puede ayudar a prevenir lesiones en primer lugar y a evitar que regresen cuando parece haber una recuperación.

Proporciona un análisis detallado para el individuo con respecto a la forma física, la técnica y la flexibilidad. Además, la evidencia empírica (grandes datos) puede ser aplicada en un sentido más general para entender los probables tiempos de recuperación completa.

Análisis de las combinaciones de los jugadores

El Barcelona no gana todos los partidos, ni siquiera los que no son contra el Real Madrid. El equipo de la parte baja de la Premier League inglesa a veces derrotaba a los líderes de la liga. Hay sorpresas en las copas cuando los equipos de las ligas inferiores derrotan a sus más talentosos oponentes de las divisiones superiores. Hace un par de años, el Leicester City ganó la Premier League con un equipo que acababa de escapar del descenso el año anterior.

¿Cómo? La respuesta es, como sabemos, que el fútbol es un juego de equipo, y el equipo es más fuerte que once personas.

Por lo tanto, las combinaciones de jugadores pueden contribuir significativamente al éxito de un equipo. Podemos usar el análisis del fútbol para identificar las mejores combinaciones de jugadores a partir del talento que tenemos a nuestra disposición.

¿Qué datos son importantes?

Esto es muy importante. Los datos son de poca utilidad si solo describen lo que ha ocurrido. Solo es útil cuando identifica las causas de las acciones decisivas sobre el terreno de juego.

Como los expertos de la vieja escuela están ansiosos por decirnos, solo hay una estadística que importa: los goles marcados contra los goles recibidos.

En algunos aspectos tienen razón, en otros su punto de vista es demasiado simplista. Necesitamos regresar para ver qué conduce a esos objetivos, y la respuesta generalmente es el juego en equipo. Del mismo modo, si observamos lo que impide que ocurran esas posibilidades, generalmente es el juego en equipo. Ciertamente, hay ocasiones en las que un jugador coge el balón de la línea de mitad de cancha, golpea a tres jugadores y lo entierra en la esquina inferior. O bien, golpeará una volea de 30 yardas contra el techo de la red directamente desde un despeje de cabeza. En raras ocasiones, un arquero hace una increíble parada. Pero sobre todo, se trata de trabajo en equipo.

Son los pases y los regateos los que conducen a las oportunidades de gol, es la defensa sólida y la cobertura lo que impide que esas oportunidades ocurran.

Eso significa que es muy importante conseguir la combinación correcta de jugadores. Debemos tener en cuenta la precisión en los pases, las habilidades en el regate y la forma en que se ejecuta el balón. Tenemos que mirar a los jugadores que se pasan el uno al otro regularmente, leyendo los planes de cada uno. Defensivamente, tenemos que mirar de nuevo a los pares y bloques de jugadores que se cubren bien entre sí. Una parte de eso será la comunicación. Deberíamos analizar los espacios entre centrocampistas, centrocampistas y defensas, y entre los propios defensores. Estos son los factores que conducirán a las oportunidades de marcar goles y, por el contrario, evitarán que se produzcan.

Cómo juzgar las combinaciones de los jugadores

Aquí hay algo de teoría involucrada, y también el uso de los datos recopilados de compañeros de equipo que juegan juntos, tanto en la práctica como en los partidos. El elemento teórico requiere que consideremos las mejores distancias entre jugadores para una capacidad defensiva óptima; y al atacar, las mejores posiciones para hacer un pase decisivo que cree una oportunidad de gol.

Mesut Özil ha encabezado el número de pases de oportunidad durante la mayor parte de las últimas seis o siete temporadas en todas las grandes ligas europeas. Por lo tanto, no es de extrañar que haya conseguido una estructura salarial que rompe el aumento de sueldo de su actual club, el Arsenal.

A partir del análisis de los datos, recogemos de diferentes grupos de jugadores que trabajan juntos y podemos evaluar, al menos estadísticamente, las mejores combinaciones para nuestro equipo. Sin embargo, también hay un factor psicológico en la elección de las combinaciones de jugadores. Un equipo no tiene que estar formado por los mejores compañeros, pero sí tiene que haber confianza entre ellos. Una parte de eso viene de la calidad; es más probable que pasemos a un jugador que va a hacer algo con ese pase. Otro elemento viene del ritmo de trabajo - vamos a estar más cómodos compartiendo el mediocampo defensivo con un compañero que trabaja duro para cubrir carreras, hacer placajes, pastores y acosos que con uno que nos deja la mayor parte del trabajo a nosotros mismos, por muy bien que estén en el balón. Y, por último, está el elemento indefinible, la forma en que ciertos actores entienden naturalmente lo que harán sus socios. Esa habilidad mejora jugando juntos y entrenando juntos.

El mensaje para el entrenador aquí es que una vez que se establezcan las asociaciones, es una buena idea seguirlas.

El uso de sustituciones para cambiar un juego

Podemos emplear sustitutos para reemplazar a jugadores cansados y lesionados, o para hacer un cambio táctico para proteger una ventaja o recuperar un déficit. Se ha investigado mucho en esta área, y ahora conocemos los momentos en los que estadísticamente se puede lograr el mayor impacto.

Teniendo en cuenta que hay una probabilidad menor de que el juego cambie como resultado de una sustitución, si es así, las estadísticas sugieren que el primero no puede ser posterior al minuto 58. El segundo debe seguir la marca del minuto 73, puede ser antes, pero no más tarde. Luego, la sustitución final ocurre en el minuto 79 o antes.

Casos de Estudio

En este capítulo veremos algunos ejemplos de análisis utilizados a nivel profesional.

Estudio de caso uno - Uso del análisis estadístico para promover un mayor éxito con movimientos particulares - Conceptos previos desafiantes

Aquí dos ejemplos breves de cómo un análisis simple, del tipo que cualquier aficionado al fútbol entusiasta puede llevar a cabo, puede demostrar la diferencia entre el instinto y la realidad.

Esquinas: No muchos goles vienen de los rincones. Pero cuando el Manchester City, lleno de los dólares de Oriente Medio de su benévolo dueño, no anotó ninguno, sus analistas intentaron averiguar por qué.

En aquel momento, el Manchester City trabajaba sobre todo en las curvas. Cuando estas funcionan, el objetivo principal que sigue es impresionante. Un golpe puro, el arquero se marchó en tierra de nadie, el contacto limpio envió el cabezazo a la red. Desafortunadamente, eso no sucede a menudo, aunque cuando lo hace, se queda en la mente.

Los analistas estudiaron miles de videos de tiros de esquina - el tipo de cosas que cualquier entrenador puede hacer en la televisión por cable, o a través de videoclips. Su descubrimiento fue que las curvas oscilantes eran de tres a cuatro veces más exitosas. Sí, los goles marcados eran a menudo en propia meta, el balón se desviaba de un defensor, o los errores del portero se cometían bajo presión. Por lo general, estos objetivos eran escasos. No se quedaron en la mente de los entrenadores. Pero la verdad para un equipo profesional de primer nivel no es diferente que para el equipo de la liga dominical lleno de vendedores, maestros y mecánicos. La pelota golpeada al poste cercano, pie de página derecho desde la izquierda y viceversa, dará como resultado más goles que la entrega opuesta.

Desafortunadamente para los fans y jugadores del Manchester City. Manuel Pellegrini, el entrenador de la época, no se dejaba convencer fácilmente. El enfoque del equipo en los saques de esquina no ha cambiado, y en ocasiones se ha utilizado un buen objetivo para apoyar el sistema. Pellegrini dejó el club, fue reemplazado, no mucho más tarde. Tal vez los dos eventos estaban parcialmente conectados.

Las tandas de penales suelen ser la diferencia entre la progresión a las fases finales de las competiciones y el regreso a casa. Se han realizado numerosos estudios que examinan la mejor manera de aplicar sanciones: visualización, práctica, etc., pero el análisis puede añadir una dimensión adicional. Los estudios publicados en el sitio web ucanalytics.com demuestran que, en la decisiva penalización de una tanda de penales, los arqueros permanecen en el centro de su portería solo el 2% de las veces (en lugar de moverse hacia la izquierda en el 57% de las ocasiones, y el 41% hacia la derecha); esto se debe casi con toda seguridad a que la presión por hacer la parada clave los empuja de una u otra manera. Eligieron la acción positiva en lugar de esperar un tiro directo. Curiosamente, la penalización decisiva en una tanda de penales solo tiene una tasa de acierto del 44%, muy inferior a la media del 75%. Por lo tanto, empleando estos análisis podemos aconsejar a nuestro tomador decisivo para golpear la bola recta - entonces debería anotar el 98% del tiempo!

Hasta que, por supuesto, los arqueros descubran que este es el doble engaño que usarán sus oponentes.

Estudio de caso dos - Charles Hughes: Cuando los análisis no dicen la verdad

No hace falta decir que cuanto más grande sea la muestra utilizada para estudiar el análisis del fútbol, más a menudo se revelará la verdad. Se pueden utilizar muestras más pequeñas para formar hipótesis y promover ideas para pruebas posteriores, pero en el caso de Charles Hughes, director técnico de fútbol de la Asociación de Fútbol de Inglaterra, el hecho de no usar una muestra satisfactoria condujo a la inutilización del juego en inglés, y la negación de posiblemente la generación más fuerte de futbolistas que se haya puesto la camisa de los tres leones.

Hughes siempre fue un defensor del juego de balón largo. Ciertamente, en los años setenta y antes, la asombrosa mala calidad de los terrenos de juego en Gran Bretaña contribuyó a ello. Mientras que los jugadores europeos y sudamericanos desarrollaban habilidades de alta calidad en el control, el pase y el tiro en superficies firmes y planas, el barro anegado que constituía el típico campo de juego de base británico ofrecía pocas oportunidades para el desarrollo de tales habilidades. Simplemente, el rebote del balón era impredecible, el arrastre del balón era virtualmente imposible de juzgar.

El resultado había sido, durante generaciones, fácil de predecir. Volviendo al nivel escolar, los que progresaron mejor no fueron necesariamente los que tenían el mayor potencial o incluso el talento real. Eran los chicos grandes, fuertes, atléticos; que podían patear un balón a larga distancia y perseguirla más rápido que sus compañeros. En el momento en que la pubertad vino y se fue, y la fuerza física se convirtió en un campo de juego más igualado (lo que fue, como hemos visto, un hecho bastante inusual en la Gran Bretaña de los años 50), los jugadores pequeños y hábiles a menudo se perdieron en el juego. Por supuesto, algunos progresaron al más alto nivel profesional. George Best, Alan Ball y Bobby Moore son tres ejemplos famosos. Pero el grupo de dónde escoger era más pequeño, y por lo tanto la fuerza del juego británico carecía de profundidad.

El resultado de todo esto fue que los equipos británicos estaban típicamente llenos de hombres grandes y fuertes que eran atletas poderosos pero no siempre los jugadores más inteligentes. Consecuentemente, no hubo impulso para producir alfombras para estos hombres (no había muchas mujeres jugando, en aquellos días) para mostrar sus talentos. Por lo tanto, incluso a nivel profesional, las parcelas a menudo se asemejan a las de un agricultor después de la cosecha a las de una mesa de billar. El gol de Ronnie Radford, a principios de la década de 1970, para el Hereford United contra el Newcastle, en lo que entonces era el mayor torneo de fútbol del país, la Copa de la FA. (https://www.youtube.com/watch?v=ZnjEmscMDR4) Ciertamente, podemos admirar el gol, pero hay que tener en cuenta el terreno de juego desde el que se golpeó. ¿Cómo se puede permitir que prosperen estas condiciones?

Por supuesto, en otras partes del mundo, no lo eran. Así que cuando se trataba de los grandes escenarios - competiciones de clubes europeos, copas del mundo y campeonatos de Europa, Inglaterra, la cuna del fútbol - se hizo intrascendente.

Irónicamente, fue uno de los actos de vandalismo deportivo llevado a cabo por la primera Ministra de Gran Bretaña, Margaret Thatcher, lo que condujo al cambio. Thatcher no era un fanático del fútbol, ni de las clases bajas de la sociedad. El único escape del fracaso en el aula que los niños de los años 70 y principios de los 80 tuvieron fue la sesión de juegos dos veces por semana. Pero si a Thatcher no le gustaba mucho el deporte, sí aprobaba ganar dinero. Como resultado, las autoridades locales de todo el terreno vendieron sus campos de juego escolares a los promotores. Pronto, los únicos objetivos que quedaban eran los de ser vendidos desde los almacenes de venta al por menor que volaban hacia arriba, o que aparecían en forma de miniatura en los jardines de las casas de los "ejecutivos" que ahora estaban apretadas en el espacio exterior de la escuela cercana, que una vez estuvo al aire libre.

Había que hacer algo. Los clubes se involucraron, junto con las empresas, sociales y comerciales, y comenzaron a aparecer campos artificiales adecuados; esas áreas de césped que quedaban tenían que hacer frente a una demanda aún mayor que antes: la única forma de que esto sucediera era que se las cuidara adecuadamente.

Los asuntos para el fútbol inglés comenzaron a mejorar. La "generación dorada" de Paul Scholes, los hermanos Neville, David Beckham, Gary Linekar, Paul Gascoigne y, más tarde, Rio Ferdinand, Frank Lampard y Steven Gerrard estaba en el horizonte.

Luego, a principios de la década de 1990, Charles Hughes adquirió prominencia, y el fútbol inglés retrocedió dos décadas. El contexto de nuestro estudio de caso es importante, porque solo entendiendo esto se pueden entender adecuadamente los verdaderos peligros de una mala interpretación del análisis.

Hughes estaba profundamente influenciado por los pensamientos de un hombre con poca conexión con el fútbol. Charles Reep fue un comandante de ala de la Segunda Guerra Mundial con un interés en el juego que es considerado por la mayoría como el padre del balón largo. Sin mucha evidencia, dedujo que la mayoría de los goles eran el resultado de tres pases o menos, por lo que abogó por que el balón se adelantara lo más rápido posible.

Las conclusiones de Hughes se basaron en el análisis de solo unos 100 partidos, demasiado pocos como para basar un sistema nacional de juego. Eligió los juegos de varias fuentes, incluyendo el equipo de Brasil. De su pequeña fuente identificó dos temas:

- La mayoría de los goles provienen de cinco o menos pases
- La mayoría de los goles se marcan desde la "Posición de Máxima Oportunidad", a la que llamó POMO.

A partir de esto, dedujo (y escribió muchos libros sobre el tema) que el secreto del éxito era llevar el balón a la POMO lo más rápido posible, ya que a partir de ahí los objetivos fluirían inevitablemente. Desafortunadamente, el enfoque de Hughes ahora se considera (con razón) defectuoso. Utilizó una muestra insuficiente; aplicó datos que apoyaban sus teorías; pasó por alto otros factores, como el terreno de juego y las condiciones meteorológicas, las habilidades técnicas y el ritmo de los jugadores, la facilidad con la que los entrenadores podían anular tácticamente el POMO. Como resultado, los jugadores ingleses de una generación se vieron obligados a tirar el balón a un POMO (en gran parte, una zona detrás de la defensa) lo más rápidamente posible, las habilidades y la técnica se descuidaron una vez más -esta vez como resultado de la política más que de la necesidad- y el fútbol inglés permaneció más tiempo en el estancamiento.

A pesar de los repetidos fracasos de la selección nacional, su influencia fue tal que incluso los entrenadores nacionales, todos los cuales tenían más experiencia en el fútbol que él, encontraron que su apoyo oficial se evaporaba si se alejaban del enfoque prescriptivo de Hughes.

Estudio de Caso Tres - Pure Analytics

Nuestro estudio de caso final utiliza un ejemplo que podría estar fuera del alcance de muchos equipos de aficionados y jóvenes. Sin embargo, ilustra el beneficio de valor agregado que el uso efectivo del análisis puede aportar a un equipo.

Derry es una pequeña ciudad en Irlanda del Norte. Su equipo de fútbol es el único que compite en la Premier League irlandesa. El club es profesional, pero atrae a muchos de sus jugadores de su localidad; realmente no debería poder competir contra equipos como los de las grandes ciudades de Cork y Dublín, pero lo hace, manteniendo una posición en la liga. Esto se debe, en gran parte, al efecto de "bola de dinero" que proporciona el uso eficaz del análisis.

Durante el estudio de caso, que es reciente, Derry contrató a un analista de datos para apoyar al equipo. En particular, hizo uso de un sistema de análisis profesional llamado *Performa Sports*, que permitió un extenso análisis de vídeo del rendimiento de los partidos, del equipo y de los jugadores individuales.

Tanto el entrenador del equipo, Kenny Shiels, como varios jugadores, afirmaron que, durante la intensidad del juego de los partidos, se pueden perder los detalles del rendimiento. Además, es la naturaleza de la gente interpretar la acción en curso desde su propio punto de vista, a menudo sesgado. Por lo tanto, sería normal considerar que la pérdida de posesión proviene de una falta impune de la oposición. Sin embargo, el análisis de vídeo proporciona pruebas objetivas. Así, por ejemplo, puede ser que un jugador esté recibiendo el balón con el cuerpo en la posición equivocada y, por lo tanto, le resulte difícil retener la posesión del balón.

El análisis de datos es utilizado por la Ciudad de Derry de cinco maneras específicas:

- Analizar el rendimiento individual, destacando las fortalezas y debilidades de un jugador. Luego, los jugadores y entrenadores utilizan esta evidencia para desarrollar ejercicios a medida y ejercicios para abordar las debilidades, mientras que las fortalezas se integran con mayor frecuencia en el juego en equipo. Por lo tanto, puede ser evidente que un delantero necesita trabajar en la aceleración durante los primeros cinco metros cuando se le da a través del balón. El trabajo de velocidad puede entonces priorizarse. Del mismo modo, puede resultar evidente que un ala trasera entrega pases con un alto grado de precisión. Se puede desarrollar el juego en equipo para maximizar las oportunidades de pases de este jugador.

- Analizar el desempeño de las unidades del equipo. Por ejemplo, el análisis de vídeo podría demostrar que la defensa lucha por ascender como una unidad, dejando a sus oponentes tanto en juego como en el espacio. Se pueden aplicar ejercicios de comunicación para mejorar esta área.

  Trabajo en equipo. A través del análisis de todo el equipo, se pueden ver pruebas de, por ejemplo, la eficacia de la alta presión que Derry buscaba utilizar. Cuando los oponentes pudieron jugar fuera de la alta prensa, se identifica la razón y se realizan los ejercicios apropiados para abordar este problema.

- Identificar las fortalezas de los oponentes. Se utilizaron videoclips de juego individual y de equipo. Por ejemplo, el lateral derecho del Derry explicó cómo estudió las imágenes de su extremo contrario, para identificar su pie favorito, su preferencia por el regate o el pase temprano. El entrenador Shiels explicó cómo se utilizan las imágenes de vídeo de los rivales para informar a los entrenadores específicos en el intervalo entre partidos.
- Identificar oportunidades para crear oportunidades. Una vez más, las imágenes se utilizaron eficazmente para identificar los puntos débiles de los oponentes. Por ejemplo, en un caso se vio que las mitades centrales presionaban fuerte, pero no tenían ritmo en el giro. Esto animó a Derry a crear ocasiones al poner el balón en el espacio detrás de ellos, para que los delanteros y los centrocampistas corrieran hacia ellos.

El uso del análisis para Derry siguió un método bastante prescrito. En primer lugar, se distribuyeron clips de actuaciones individuales para que los jugadores pudieran identificar sus propios puntos fuertes y débiles, y trabajar en sus propios programas de formación individual. A continuación, las sesiones completas del equipo se centraron en el rendimiento del equipo, haciendo uso de los partidos anteriores. También se identificaron fortalezas o debilidades comunes. Después, se entrenó para explotar la información que tenían. Luego, las imágenes de los oponentes se analizaron con el equipo, y el entrenamiento se adaptó una vez más teniendo en cuenta el próximo partido específicamente. Por lo general, el equipo llevaría a cabo tres sesiones completas de análisis de video por semana, más sesiones individuales.

No es de extrañar, como vimos al principio de este estudio de caso, que el uso del análisis haya funcionado, permitiendo que Derry se desempeñe a un nivel más alto que algunos clubes más grandes y ricos.

Conclusión

Esperamos que haya disfrutado de este libro y que haya adquirido algunos conocimientos valiosos sobre el valor que el análisis del fútbol puede ofrecer a un equipo y a un jugador individual.

Podemos utilizar el análisis a cualquier nivel. Desde el análisis con lápiz y papel, grabando lo que podemos, hasta el tipo de sistemas utilizados en los más altos niveles del juego profesional, donde las cámaras siguen a cada jugador durante un partido, donde los seguidores siguen cada movimiento durante el entrenamiento, y los equipos de analistas altamente remunerados informan de sus hallazgos.

Por supuesto, el análisis en sí mismo no es demasiado útil. Podríamos ver que un jugador puede correr doce kilómetros en un partido, pero eso solo es útil cuando aplicamos esa información para mejorar al jugador y al equipo. De hecho, cuando los datos se convierten en métricas, es decir, cuando se utiliza el análisis para elevar la calidad y los estándares, entonces se convierte en una ayuda considerable para un equipo y sus actores individuales.

Hay un grado de resistencia al uso de análisis en el fútbol. Durante muchos años, se quedó atrás respecto a otros deportes como el béisbol, el cricket y el rugby. En parte, esta es la naturaleza fluida del juego - esos otros deportes contienen muchas más jugadas y descansos en acción. Pero también, fue la sensación de que el fútbol es un juego de instinto, un juego de innovación y momentos mágicos en lugar de algo que se puede planear de antemano.

Sin embargo, con el tiempo, se ha entendido que el análisis ayuda a mejorar el rendimiento, ayuda a mejorar el reclutamiento, ayuda a los jugadores a desarrollar habilidades y reduce sus posibilidades de lesionarse. Esa chispa indefinible aún debe estar presente, o los beneficios de las métricas ofensivas serán fácilmente contrarrestados por la organización defensiva y el juego se convertirá en un deporte rancio y estéril, desprovisto de excitación. Ocurrió hasta cierto punto en la Unión de Rugby hace veinticinco años, cuando la recolección temprana de datos demostró la importancia del territorio. El juego se convirtió en una aburrida serie de patadas intercambiadas, de punta a punta, pero sin emoción. El fútbol, sin embargo, tiene demasiadas variables para permitir que eso arruine el juego.

Eso es lo bueno (uno de ellos) de este deporte. Si tuviéramos un partido perfectamente científico, con todos los equipos actuando como lo sugiere el análisis, entonces perderíamos la espontaneidad, el genio individual de los mejores jugadores de un equipo. Pero incluso el millón o más de análisis que las cámaras Opta toman en un partido típico de la liga de alto nivel no nos lo puede decir todo.

Así que, mantengamos al inconformista, al genio, al jugador que levanta a la multitud de pie. Pero, a cualquier nivel, podemos mejorar otros elementos del deporte mediante la aplicación de los datos que ahora sabemos que pueden dar forma al juego.

El final.... ¡casi!

Las revisiones no son fáciles de conseguir.

Como autor independiente con un pequeño presupuesto de marketing, confío en que los lectores, como ustedes, dejen una breve reseña sobre Amazon.

¡Incluso si es solo una frase o dos!

Así que si te gustó el libro, por favor dirígete a la página del producto, y deja una reseña como se muestra a continuación.

Estoy muy agradecido por su revisión, ya que realmente marca una diferencia.

Gracias de todo corazón por comprar este libro y leerlo hasta el final.

www.ingramcontent.com/pod-product-compliance
Lightning Source LLC
Chambersburg PA
CBHW071029080526
44587CB00015B/2543